AF545538

eat
TOLERANT

noe
VERLAG

Vorwort

MEIN HISTAMINARMES KOCHBUCH FÜR DICH UND DIE GANZE FAMILIE!

Ich wünsche mir sehr, dass dir mein Kochbuch deinen Alltag mit einer Histaminintoleranz erleichtert und es dir dadurch körperlich und seelisch gut geht. Wir alle haben nur diese eine Gesundheit und wir sollten sehr gut auf sie aufpassen. Manchmal geraten wir aus dem Gleichgewicht, so wie auch ich im Jahr 2012. Es begann mit einer „harmlosen" Laktoseintoleranz, viel Stress und einer für mich großen Gewichtsabnahme. Nachdem ich die Laktoseintoleranz scheinbar gut im Griff hatte, kamen weitere Beschwerden wie starke Kopfschmerzen, Benommenheit, Schwindel sowie Magen-Darmbeschwerden hinzu. Nach vielen Untersuchungen bei verschiedenen Ärzten, wurde ich von meinem Allergologen zu einer sehr erfahrenen Ernährungsberaterin überwiesen. Mithilfe eines Ernährungstagebuches und einer Auslassdiät stand die Diagnose Histaminintoleranz relativ schnell fest. Anhand einer speziellen Liste stellte ich meine komplette Ernährung mit Erfolg um.

Im Laufe der Jahre habe ich sehr viele Erfahrungen gesammelt und ebenfalls eine Ausbildung zur ganzheitlichen Ernährungsberaterin absolviert. Im Januar 2018 habe ich meinen Blog www.eattolerant.de gegründet, wo ich seitdem regelmäßig einfache und leckere Rezepte teile. Diese sind sehr vielfältig, unter anderem sind alle Rezepte laktosefrei, viele sind zusätzlich vegan, vegetarisch, glutenfrei und fruktosearm.

Mit diesem Kochbuch möchte ich dir eine Auswahl an Rezepten zeigen, die auch der ganzen Familie schmecken! „Genuss statt Verzicht" lautet hier das Motto. Es wird Zeit, dass dein Alltag wieder entspannter und das Essen wieder unbeschwerter wird!

Ich wünsche dir viel Spaß beim Ausprobieren und natürlich einen guten Appetit!
Lass es dir gut gehen und vielen Dank, dass du dich für mein Kochbuch entschieden hast!

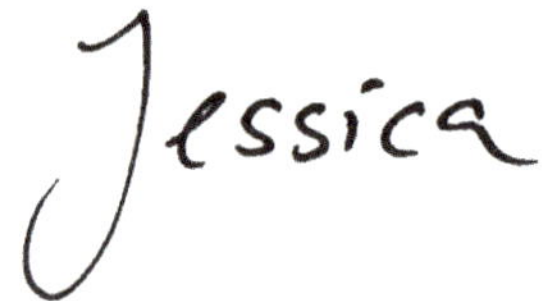

Inhaltsverzeichnis

Vegetarische und Vegane Rezepte

Rezepte mit
Fleisch

Aufstriche,
Dips und Basics

Backen und Süßes

Tipps und Tricks für deinen histaminarmen Alltag

EINKAUFEN & PLANEN

- Frische und unverarbeitete Lebensmittel einkaufen (siehe Einkaufsliste)
- Bitte keine Fertigprodukte, Soßenbinder, Gewürzmischungen, glutenfreie Mehlmischungen, oder Zuckerersatzstoffe verwenden. Diese enthalten oft unverträgliche Zusatzstoffe oder Bindemittel Ebenfalls Vorsicht bei glutenfreien Backwaren – immer die Inhaltsstoffe prüfen
- Einen Wochenplan und eine Einkaufsliste erstellen, dabei aber flexibel bleiben, falls der Tag nicht wie geplant verläuft
- Immer ein „Notfallessen" im Haus haben. Aus Tiefkühlgemüse, Pasta, TK Kräutern, etwas Gemüsebrühe, Frischkäse oder Sahne, Kokosmilch oder Mandelmus, zauberst du dir in 20 Minuten ein schnelles und leckeres Gericht – besonders an stressigen Tagen eine gute Lösung
- Frisches Gemüse, Salate, Kartoffeln und Eier gerne auf dem Wochenmarkt einkaufen. Hier sind die Lebensmittel oft deutlich frischer als im Supermarkt. Nach Möglichkeit alles im Kühlschrank lagern und Blattsalate schnell verzehren
- An den Einkaufstagen: Frisches Fleisch (am besten an der Frische-Theke) einkaufen und am gleichen Tag verarbeiten. Rinderhackfleisch wird oft auf Nachfrage frisch hergestellt
- Bitte unbedingt die Kühlkette einhalten und keine Lebensmittel länger im Auto lassen

VORBEREITUNG & KOCHEN

- Eine konsequente histaminarme Ernährung sorgt für mehr Wohlbefinden und Stabilität im Alltag - durch Fastfood, Snacks und Co. kannst du schnell aus dem Gleichgewicht geraten
- Vor der Arbeit eine leckere vegane Suppe kochen und diese z. B. in einem Wärmebehälter mitnehmen, dieser hält die Suppe bis zu 8 Stunden warm

- Für die Arbeit verschiedene Salate vorbereiten (z. B. aus Hirse, Kartoffel, Reis, oder Pasta)
- Die selbstgemachte Gemüsebrühe sollte in keiner Küche fehlen, sie ist ein Allrounder für alle Gerichte und kann an sämtliche Intoleranzen angepasst werden
- Kleine Snacks wie z.B. Muffins vorbereiten und einfrieren. Diese können bei Bedarf schnell aufgetaut werden (bei Zimmertemperatur in der Regel von 2 Stunden)
- 2 Liter stilles Wasser pro Tag trinken, da Histamin wasserlöslich ist. Bitte auf Kaffee, Schwarztee, Grüner Tee, Kakao, Alkohol sowie Energy Drinks verzichten
- Aufbewahrung: Alle Gerichte schnell abkühlen lassen und im Kühlschrank aufbewahren
- Aufwärmen: Bitte keine Gerichte mit tierischem Eiweiß aufwärmen, insbesondere nicht in der Mikrowelle. Vegane Gerichte können in der Regel sehr gut auf dem Herd aufgewärmt werden.
- Auftauen: Fleisch nicht über Nacht auftauen lassen. TK-Lachs kann sehr gut gefroren verarbeitet und im Ofen zubereitet werden. Den Lachs dafür in ein Päckchen aus Backpapier wickeln, dazu etwas Öl und Salz, evtl. noch etwas Gemüse und Kräuter zugeben und ca. 25 bis 30 Minuten bei 200°C Ober- und Unterhitze garen

POSITIVER UND ENTSPANNTER ALLTAG

- Zeit für kleine Meditationen, Pausen und Entspannung einplanen
- Zeit zum Essen einplanen, dabei langsam essen und gründlich kauen. So werden schon vorher Verdauungsbeschwerden vermieden
- Ruhige Sportarten wie Yoga oder Qigong betreiben, alternativ an der frischen Luft spazieren gehen
- Stress triggert die Histaminausschüttung, deshalb einen Ausgleich schaffen
- Ausreichend schlafen, nach Möglichkeit eine Regelmäßigkeit einhalten. Histamin ist an der Regulation von sehr vielen Stoffwechselvorgängen beteiligt. Dies betrifft unter anderem auch den Schlaf-Wach-Rhythmus, die Körpertemperatur und das Schmerzempfinden
- Lerne Grenzen zu setzen – du musst nichts essen, oder probieren was du nicht möchtest, gerade wenn du dir unsicher bist
- Sorge gut für dich und deinen Körper, indem du wieder auf dein Bauchgefühl hörst und deine Bedürfnisse wahrnimmst

Histaminarme Einkaufsliste

FRISCHES GEMÜSE

- Blattsalate
- Blumenkohl
- Brokkoli
- Chinakohl
- Feldsalat
- Fenchel
- Frühlingszwiebeln
- Karotten
- Kartoffeln
- Kohl: Grünkohl, Kohlrabi, Rotkohl, Spitzkohl, Weißkohl
- Kürbis
- Mais
- Mangold
- Paprika (gelb, grün, rot)
- Pak Choi
- Pastinake
- Petersilienwurzel
- Radicchio
- Radieschen
- Rote Beete
- Spargel grün und weiß
- Salatgurke
- Spitzpaprika
- Süßkartoffeln
- Weisse Zwiebeln
- Zucchini
- Zuckerschoten

FRISCHES OBST

- Apfel
- Aprikose
- Brombeere
- Cranberrys
- Granatapfel
- Heidelbeeren
- Johannisbeeren
- Kirschen
- Mango
- Nektarine
- Pfirsich
- Preiselbeere
- Rhabarber
- Sanddorn
- Stachelbeere
- Wassermelone
- Zwetschge (nicht Pflaume!)

TIEFKÜHL UND KONSERVEN

- Apfelmus (Bio, ohne Säure)
- Apfelmark (Bio, ist zuckerfrei)
- Alle aufgezählten Gemüsesorten

- Alle aufgezählten Kräuter
- Kirschen im Glas
- Kokosmilch
- Kokosmus
- Mais im Glas
- Mandelmus
- Paprikamark

MILCHPRODUKTE UND ALTERNATIVEN

- Creme fraiche
- Fetakäse
- Frischkäse
- Gouda, jung
- Hüttenkäse
- Joghurt
- Mascarpone
- Milch
- Mozzarella
- Quark
- Sahne, frisch
- Saure Sahne
- Dinkel-Drink (vegan)
- Hafer-Drink (vegan)
- Kokosmilch (vegan)
- Mandel-Drink (vegan)
- Reis-Drink (vegan)

FLEISCH, FISCH UND EIER

- Ente
- Geflügelhackfleisch, sehr frisch
- Hähnchenfleisch
- Hühnerei (Eigelb ist histaminarm)
- Kalbfleisch
- Lachs (am besten TK)
- Putenfleisch
- Rindfleisch
- Rinderhackfleisch, sehr frisch
- Kalbfleisch
- Zander (am besten TK)
- Wachteleier (komplett histaminarm)

Alle Lebensmittel sollten so frisch wie möglich eingekauft und verzehrt werden! Bitte im Kühlschrank lagern. Es lohnt sich ein Einkauf auf dem Wochenmarkt.

Fisch und Fleisch unbedingt frisch einkaufen und am gleichen Tag verarbeiten. Bei den Milch-Alternativen unbedingt auf Zusatzstoffe wie z.B. Guarkernmehl oder Öl achten!

Viele Milchprodukte sind auch laktosefrei erhältlich, diese sind ebenfalls gut verträglich.

KRÄUTER UND GEWÜRZE

- Basilikum
- Bärlauch
- Ingwer
- Koriander
- Liebstöckel
- Majoran
- Meersalz (ohne Jod!)
- Minze
- Oregano
- Paprikapulver edelsüss
- Petersilie
- Rosmarin
- Salbei
- Thymian
- Schnittauch
- Zimt
- Zitronengras

GETREIDE, PASTA UND PSEUDOGETREIDE

- Amaranth (glutenfrei!)
- Buchweizen (umstritten)
- Dinkel-Pasta (Gluten!)
- Dinkelkörner wie Reis (Gluten!)
- Hafer (gibt es auch glutenfrei!)
- Hirse (glutenfrei!)
- Maisgries/ Polenta (glutenfrei!)
- Quinoa (glutenfrei!)
- Reis (glutenfrei!)

TROCKENFRÜCHTE

- Aprikosen (ungeschwefelt)
- Cranberrys (ungeschwefelt)
- Datteln (ungeschwefelt)
- Rosinen (ungeschwefelt)
- Sauerkirschen (ungeschwefelt)

Zum Backen eignet sich statt Weizenmehl sehr gut Dinkelmehl Type 630. Achtung: Viele Zusatzstoffe, Bindemittel, sowie Zucker-Ersatzstoffe sind nicht gut verträglich.

Ein Hühnerei kann durch 3 Wachteleier ersetzt werden. Beim Backen werden Hühnereier im Kuchen meistens sehr gut vertragen.

Flohsamenschalen sind beim glutenfreien Backen sehr wichtig, da sie dem Gebäck Stabilität geben und Feuchtigkeit speichern.
Eine selbst gemachte Gemüsebrühe ist eine super Grundlage zum Kochen.

BASICS ZUM BACKEN

- Dinkelmehl Type 630 (Gluten!)
- Flohsamenschalen (glutenfrei!)
- Gelatine
- Haferflocken
- Hefe (umstritten)
- Kartoffelmehl (auch zum Kochen)
- Kokosmehl (glutenfrei!)
- Kokosraspeln (glutenfrei!)
- Maismehl (glutenfrei!)
- Mandelmehl (glutenfrei!)
- Natron
- Reismehl (glutenfrei!)
- Reissirup
- Sahnesteif
- Speisestärke (auch zum Kochen)
- Teffmehl (Hirse - glutenfrei!)
- Weinsteinbackpulver (glutenfrei!)
- Vanillepuddingpulver
- Vanillezucker
- Weisse Kuvertüre/ Schokolade
- Zucker: Brauner Zucker, Haushaltszucker, Puderzucker, Rohrohrzucker, Kokosblütenzucker
- Zuckerrübensirup

BASICS ZUM KOCHEN

- Gemüsebrühe ohne Hefe und Zusatzstoffe
- Selbst gemachte Gemüsebrühe
- Speisestärke aus Mais oder Kartoffelstärke (glutenfrei!)
- Paniermehl (Dinkel, Mais, Reis)

FETT, ÖL, NÜSSE SOWIE SAATEN, ESSIG

- Apfelessig
- Butter
- Butterschmalz
- Chiasamen
- Erdmandeln (Ersatz für Mandeln)
- Ghee
- Hanfsamen
- Kakaobutter
- Kokosöl
- Kokosmus
- Kokosnuss
- Kürbiskerne
- Leinsamen
- Mandeln
- Mandelmus
- Maronen
- Olivenöl
- Rapsöl
- Verjus (Essigersatz aus Trauben)

ZUM FRÜHSTÜCK

- Aprikosen-Marmelade
- Blaubeer-Marmelade
- Cornflakes (Mais)

- Dinkelbrot (Inhaltsstoffe!)
- Dinkelflocken
- Glutenfreies Brot (Achtung Zusatzstoffe!)
- Granola (aus Haferflocken)
- Hirseflocken
- Honig (umstritten)
- Johannisbeer-Gelee
- Joghurt mit Obst
- Kirsch-Marmelade
- Knäckebrot (Zusatzstoffe!)
- Porridge
- Reisflocken
- Reiswaffeln
- Trockenfrüchte (siehe oben)
- Vanilleeis (Zusatzstoffe!)
- Weiße Schokolade (Zusatzstoffe!)

SNACKS

- Apfelchips
- Fruchteis/Sorbet aus den genannten Obstsorten
- Gemüsechips, gesalzen (Öl!)
- Kartoffelchips, gesalzen (Öl!)
- Kokoschips
- Maischips (Öl!)
- Popcorn (Öl + Zusatzstoffe!)

GETRÄNKE

- Apfeltee (Bio, ohne Aromen)
- Dinkelkaffee (Koffeinfrei!)
- Hagebuttentee (Bio, ohne Aromen)
- Heidelbeersaft
- Hibiskustee (Bio, ohne Aromen)
- Johannisbeersaft
- Kirschsaft
- Kräutertee (Bio, ohne Aromen)
- Mangosaft
- Rhabarbersaft
- Stilles Wasser

Achtung bei den Speiseölen, gerade bei den Snacks! Sonnenblumenöl wird unterschiedlich vertragen. Snacks: Für den Notfall unterwegs eignen sich Reiswaffeln sehr gut.

Grundsätzlich auf Zusatzstoffe achten!

Marmelade oder Konfitüre sollte nach Möglichkeit keine Zitronensäure enthalten. Bei Brot immer die Inhaltsstoffe prüfen. Glutenfreies Knäckebrot aus Mais und Reis besteht meistens aus nur 3 Zutaten.

Du findest stilles Wasser langweilig? Dann kannst du dein Wasser mit einem hochwertigen Saft mischen. Achte bitte darauf, dass dieser keine Zusatzstoffe enthält! Im Bio Supermarkt oder auch im Drogeriemarkt gibt es eine gute Auswahl. Dinkelkaffee ist ein guter Ersatz, wenn dir der klassiche Kaffee am Morgen fehlt. Einen alkoholfreien Ersatz für Sekt und Prosecco gibt es mittlerweile auch von Verjus.

Histaminarmer Saisonkalender

GEMÜSE	JAN	FEB	MRZ	APR	MAI	JUN	JUL	AUG	SEP	OKT	NOV	DEZ
Blumenkohl						■	■	■	■	■		
Brokkoli						■	■	■	■	■		
Butternut-Kürbis									■	■		
Chinakohl	■	■			■	■	■	■	■	■	■	■
Fenchel					■	■	■	■	■	■	■	
Frühlingszwiebel					■	■	■	■	■	■		
Grünkohl	■										■	■
Hokkaido									■	■	■	■
Kartoffel						■	■	■	■	■		
Kohlrabi				■	■	■	■	■	■			
Kürbis								■	■	■	■	
Mais						■	■	■	■	■		
Mangold					■	■	■	■	■	■		
Karotte						■	■	■	■	■		
Pak Choi				■	■	■	■	■	■	■	■	
Paprikaschote							■	■	■	■		
Pastinake								■	■	■		
Petersilienwurzel	■	■								■	■	■
Radieschen				■	■	■	■					

■ Bei Freilandware

GEMÜSE	JAN	FEB	MRZ	APR	MAI	JUN	JUL	AUG	SEP	OKT	NOV	DEZ
Rote Beete	■	■	■						■	■	■	■
Rotkohl	■	■	■						■	■	■	■
Salatgurke					■	■	■	■				
Spargel			■	■	■	■						
Spitzkohl					■	■	■	■	■	■		
Süßkartoffel	■	■	■	■	■	■	■	■	■	■	■	■
Weißkohl	■	■	■						■	■	■	■
Wirsing	■	■	■				■	■	■	■	■	■
Zucchini						■	■	■	■			
Zucker-/Kaiserschote					■	■						
Zwiebel	■	■	■	■	■			■	■	■	■	■

OBST	JAN	FEB	MRZ	APR	MAI	JUN	JUL	AUG	SEP	OKT	NOV	DEZ
Apfel								■	■	■		
Aprikose						■	■	■	■			
Brombeere							■	■	■	■		
Heidelbeere						■	■	■	■	■		

■ Bei Freilandware

OBST & NÜSSE	JAN	FEB	MRZ	APR	MAI	JUN	JUL	AUG	SEP	OKT	NOV	DEZ
Johannisbeere						■	■	■				
Kirsche						■	■	■	■			
Marone									■	■	■	■
Nektarine							■	■	■			
Pfirsich					■	■	■	■	■			
Rhabarber			■	■	■	■	■					
Stachelbeere						■	■	■				
Zwetschge							■	■	■	■		

SALAT UND KRÄUTER	JAN	FEB	MRZ	APR	MAI	JUN	JUL	AUG	SEP	OKT	NOV	DEZ
Bärlauch			■	■	■							
Basilikum						■	■	■	■	■		
Eichblattsalat					■	■	■	■	■	■		
Endiviensalat					■	■	■	■	■	■	■	■
Feldsalat	■	■	■							■	■	■
Liebstöckel			■	■	■	■	■	■				
Lollo Rosso				■	■	■	■	■				
Majoran						■	■					

■ Bei Freilandware

SALAT UND KRÄUTER	JAN	FEB	MRZ	APR	MAI	JUN	JUL	AUG	SEP	OKT	NOV	DEZ
Minze	■	■	■	■	■	■	■	■	■	■	■	■
Oregano						■	■	■	■			
Petersilie						■	■	■	■	■		
Radicchio						■	■	■	■	■		
Romana- / Römersalat						■	■	■	■	■	■	
Rosmarin						■	■	■	■			
Schnittlauch			■	■	■	■	■	■	■			
Thymian					■	■	■	■	■			

Suppen

Brokkolisuppe mit Reisnudeln

**ZUBEREITUNGSZEIT
25 MINUTEN**

ZUTATEN FÜR 2–3 PORTIONEN:

- 1 großer Brokkoli (nur die Röschen)
- 400 g Pak Choi oder Zucchini
- 1 Knoblauchzehe (je nach Verträglichkeit)
- 1 kleines Stück frischer Ingwer
- 1300 ml heiße Gemüsebrühe, selbstgemacht
- 75 g Reisnudeln (Vermicelli / 5 Minuten Garzeit)
- 3 EL Kokosöl oder Rapsöl
- Salz

ZUBEREITUNG:

1. Den Brokkoli waschen und in kleine Stücke schneiden.
2. Den Pak Choi ebenfalls waschen, in Streifen schneiden. Die Blätter von den Stielen trennen, da diese erst später zur Suppe gegeben werden.
3. Knoblauch und Ingwer schälen, in kleine Würfel schneiden.
4. Das Öl in einem Topf erhitzen, darin kurz die Knoblauch- und Ingwerwürfel anbraten.
5. Das geschnittene Gemüse zugeben, ebenfalls kurz anbraten und dabei mit Salz würzen.
6. Die heiße Gemüsebrühe zugeben und die Suppe ca. 10 Minuten köcheln lassen.
7. Zum Ende der Garzeit die Reisnudeln und die Pak Choi-Blätter zugeben und die Suppe nochmal 5 Minuten leicht köcheln lassen, bis die Nudeln weich sind. Eventuell noch etwas Gemüsebrühe oder Wasser zugeben, da die Reisnudeln sehr viel Flüssigkeit aufsaugen - je nachdem, welche Konsistenz gewünscht ist.

Tipps:

1. Bei einer Fruktoseintoleranz nur eine kleine Menge Ingwer und Knoblauch verwenden, die Verträglichkeit sollte immer vorsichtig getestet werden!

---

2. Statt Pak Choi kann auch Zucchini verwendet werden.

Nährstoffe:
Kalium, Calcium,
Phosphor, Magnesium,
Vitamin A, Vitamin C,
Eiweiß

Cremige Süßkartoffel-Karottensuppe

ZUBEREITUNGSZEIT 30 MINUTEN

ZUTATEN FÜR 2 PORTIONEN:

- 1 kleine Zwiebel
- 1 kleines Stück Ingwer
- 1 rote Spitzpaprika (ca. 80 g)
- 1 Süßkartoffel (ca. 250 g)
- 2 große Karotten (ca. 250 g)
- 2 Kartoffeln (ca. 125 g)
- 400 ml Gemüsebrühe, selbstgemacht
- 100 ml Kokosmilch
- 1 TL Kokosöl
- Salz, Paprikapulver edelsüß

ZUBEREITUNG IM TOPF:

1. Die Süßkartoffel und Kartoffeln schälen, waschen und in kleine Würfel schneiden.
2. Die Zwiebel und den Ingwer schälen und halbieren, ebenfalls in kleine Würfel schneiden.
3. Die Spitzpaprika ebenfalls waschen, entkernen und in kleine Stücke schneiden.
4. Das Kokosöl in einem Topf erhitzen, anschließend Zwiebel, Ingwer, Karotten sowie Paprika zugeben und kurz anbraten. Dabei mit Salz und Paprikapulver würzen, da dies beim anbraten kräftige Aromen bildet.
5. Die Süßkartoffel- und Kartoffelstücke, sowie die Gemüsebrühe und Kokosmilch zugeben.
6. Die Suppe mit 1/2 TL bis 1 TL Salz würzen und ca. 20 Minuten köcheln lassen, bis das Gemüse weichgekocht ist.
7. Anschließend die Suppe mit einem Pürierstab fein pürieren.

Du kannst mit der Menge von Kartoffeln und Süßkartoffeln variieren, es sollten aber insgesamt ca. 400 g sein, damit die Suppe schön cremig wird!

Zucchinicreme-Suppe mit Basilikum

ZUBEREITUNGSZEIT 25 MINUTEN

ZUTATEN FÜR 2–3 PORTIONEN:

- 2 Zucchini (800 g)
- 2 Kartoffeln (200 g)
- 1 Zwiebel
- 700 ml heiße Gemüsebrühe, selbstgemacht
- 75 g Frischkäse, laktosefrei
- 20 g Rapsöl
- 1 Handvoll frisches Basilikum
- 1/2 TL Salz

ZUBEREITUNG IM TOPF:

1. Die Zucchini waschen und in mundgerechte Stücke schneiden.
2. Die Kartoffeln ebenfalls schälen, waschen und in kleine Stücke schneiden.
3. Die Zwiebel schälen und in Würfel schneiden.
4. Das Rapsöl in einem Topf erhitzen, die Zwiebelwürfel mit den Zucchini Stücken darin anbraten, dabei leicht salzen.
5. Die Kartoffelstücke und die Gemüsebrühe zugeben, anschließend die Suppe ca. 20 Minuten köcheln lassen.
6. Kurz vor Ende der Garzeit das Basilikum und Frischkäse zugeben, anschließend die Suppe mit einem Pürierstab fein pürieren.

Tipps:

1. Bei einer Fruktoseintoleranz können Zwiebeln sowie verschiedene Kräuter problematisch sein. Bitte vorsichtig testen und eine kleine Menge frischen Basilikum verwenden. Alternativ kann auch der grüne Teil von einer Lauchzwiebel verwendet werden.

---

2. Der Frischkäse kann durch eine vegane Alternative, z.B. auf Mandelsbasis ersetzt werden.

Hirse Suppe mit Gemüsevariation

ZUBEREITUNGSZEIT 20 MINUTEN

ZUTATEN FÜR 2 PORTIONEN:

- 75 g Hirse, feinkörnig mit 10 Minuten Kochzeit
- 4 Karotten (ca. 400 g)
- 1 Zwiebel
- 850 ml Gemüsebrühe, selbstgemacht
- 1/2 TL Paprikapulver edelsüß
- Salz nach Geschmack
- 3 EL Rapsöl

ZUBEREITUNG:

1. Die Karotten waschen und schälen, anschließend in kleine Würfel schneiden.
2. Die Hirse gründlich in einem feinen Sieb abspülen.
3. Die Zwiebel ebenfalls in Würfel schneiden und in Rapsöl anbraten.
4. Anschließend die Karotten zugeben, ebenfalls kurz anbraten und dabei mit Salz und Paprikapulver würzen.
5. Die Hirse und die Gemüsebrühe zugeben und die Suppe ca. 10 - 15 Minuten köcheln lassen, bis alles weich ist und die Suppe die gewünschte Konsistenz hat.

Tipps:

1. Hirse sollte aufgrund der Bitterstoffe vorher gründlich in einem feinen Sieb abgespült werden.

2. Das Gemüse kannst du nach Belieben austauschen, Hokkaido Kürbis und Pastinake passen auch sehr gut.

3. Bei einer Fruktoseintoleranz statt der Zwiebel den grünen Teil der Lauchzwiebel und Karotten verwenden. Alternativ passen auch Fenchel und Pastinake, beides fruktose- und histaminarm!

4. Nährstoffpower mit Hirse! Gesund, lecker, sättigend und vielseitig einsetzbar! Süß und herzhaft!

Vegetarische und Vegane Rezepte

Vegetarischer Nudelauflauf mit Brokkoli

ZUBEREITUNGSZEIT
45 MINUTEN

ZUTATEN FÜR 4 PORTIONEN:

- 250 g glutenfreie Pasta
- 150 g junger Gouda am Stück
- 400 g Sahne, laktosefrei
- 100 g Frischkäse, laktosefrei
- 300 g Gemüsebrühe, selbstgemacht
- 1 TL Salz
- 1 Knoblauchzehe (nach Verträglichkeit)
- 1 Zwiebel
- 3 EL Rapsöl oder Olivenöl
- 1 großer Brokkoli, alternativ 2 kleine Zucchini
- Jeweils 1 TL getr. Basilikum, Thymian, Oregano

ZUBEREITUNG:

1. Den Backofen auf 200°C Ober- und Unterhitze vorheizen.
2. Zwiebel und Knoblauch schälen und in Würfel schneiden.
3. Den Gouda auf einer Reibe fein reiben.
4. Den Brokkoli waschen und in kleine Stücke schneiden. Auch der Strunk kann zum großen Teil mit verwendet werden.
5. Das Öl in einem Topf erhitzen, die Zwiebel- und Knoblauchwürfel darin anbraten.
6. Gemüsebrühe, Sahne, Frischkäse, Salz sowie Kräuter zugeben und die Soße einmal kurz aufkochen lassen. Die Soße sollte leicht überwürzt sein, da das Gemüse und die Pasta sehr viel Salz aufnehmen bzw. benötigen.
7. Die ungekochte Pasta mit den Brokkoli-Stücken in eine Auflaufform geben.
8. Die Soße darüber verteilen, anschließend mit dem geriebenen Gouda bestreuen.
9. Den Nudelauflauf ca. 30 Minuten bei 200°C Ober- und Unterhitze backen.
10. Vor dem Servieren ca. 5 – 10 Minuten ruhen und stocken lassen.

Für 2 Personen reicht die halbe Portion, funktioniert sehr gut!

Nährstoffe:
Kalium, Calcium,
Phosphor, Magnesium,
Vitamin A, Vitamin C,
Eiweiß

Süßkartoffel- Hirse Bratlinge

ZUBEREITUNGSZEIT 40 MINUTEN

ZUTATEN FÜR 6 BRATLINGE ODER 2 PORTIONEN:

- 1 mittelgroße Süßkartoffel (275 g)
- 100 g Hirse (10 Minuten Kochzeit)
- 200 ml Gemüsebrühe, selbstgemacht
- 1 TL Paprikapulver, edelsüß
- 1 TL Salz
- 3 gehäufte TL Speisestärke
- 3 EL Rapsöl oder Olivenöl

ZUBEREITUNG:

1. Die Süßkartoffel schälen und in Würfel schneiden. Anschließend in Salzwasser etwa 15 - 20 Minuten garen, bis sie weich ist. Danach ca. 15 Minuten abkühlen lassen.
2. Die Hirse gründlich in einem Sieb abspülen, anschließend mit 200 ml Gemüsebrühe nach Packungsanweisung kochen. Anschließe ausquellen und ebenfalls ca. 15 Minuten abkühlen lassen.
3. Die gekochte Süßkartoffel mit einem Kartoffelstampfer pürieren, dabei mit Salz und Paprikapulver edelsüß würzen.
4. Anschließend die gekochte Hirse und die Speisestärke zugeben und alles zu einer homogenen Masse vermischen.
5. Aus der Masse mit feuchten Händen 6 Bratlinge formen.
6. 3 EL Öl erhitzen und die Bratlinge von jeder Seite ca. 5 Minuten goldbraun anbraten.

1. Die veganen Bratlinge können am nächsten Tag kurz in der Pfanne erwärmt oder kalt gegessen werden.

2. Dazu passt perfekt der würzige Radieschen Dip und ein leckerer Salat.

3. Diese Kombination liefert eine Menge Nähr- und Ballaststoffe, weshalb die Bratlinge sehr sättigend sind.

Risotto mit grünem Spargel oder Gemüsevariation

vegan

ZUBEREITUNGSZEIT 35 MINUTEN

ZUTATEN FÜR 2–3 PORTIONEN:

- 1 Zwiebel
- 1 Knoblauchzehe
- 500 g grüner Spargel
- 3 EL Olivenöl
- 1000 ml heiße Gemüsebrühe, selbstgemacht
- 3 EL Schnittlauch, oder Kräuter nach Wahl
- 2 EL Frischkäse, laktosefrei (alternativ 1 EL Mandelmus)
- 200 g trockenen Risotto-Reis
- Salz

ZUBEREITUNG:

1. Die Zwiebel und den Knoblauch in feine Würfel schneiden.
2. Den Spargel waschen, die holzigen Enden abschneiden und in 1 cm große Stücke schneiden.
3. Olivenöl in einem beschichteten Topf erhitzen, die Zwiebel mit dem Knoblauch kurz andünsten.
4. Den Spargel und den Reis zugeben und ca. 3 - 5 Minuten unter ständigem Rühren anbraten. Mit etwas Salz würzen.
5. Die Gemüsebrühe nach und nach zugeben, der Reis sollte immer mit etwas Brühe bedeckt sein.
6. Das Risotto unter ständigem Rühren ca. 20 - 25 Minuten garen.
7. Wenn der Reis die Flüssigkeit aufgenommen hat, muss zügig neue Brühe zugegeben werden.
8. Zum Schluss die Kräuter zugeben und mit Frischkäse oder Mandelmus verfeinern, nochmal mit Salz abschmecken.

Tipps:

1. Das Wichtige beim Risotto ist das ständige Rühren!

2. Das Risotto soll vegan sein? Einfach den Frischkäse durch 1 EL Mandelmus ersetzen.

3. Es ist keine Spargelsaison? Das Risotto schmeckt auch ganz toll mit dieser Kombination: 2 Karotten, 1 rote Paprika und 1 Zucchini.

Nährstoffe:
Eisen, Kalium, Magnesium,
Vitamin B1, Vitamin B6,
Niacin (Vitamin B3),
Eiweiß

Polenta Schnitten mit Ofengemüse

ZUBEREITUNGSZEIT
45 MINUTEN

ZUTATEN FÜR 3 – 4 PORTIONEN:

- 200 g Polenta (Maisgrieß)
- 350 ml Gemüsebrühe, selbstgemacht
- 400 ml Milch oder vegane Alternative
- 1 Brokkoli
- 1 rote Paprika
- 3 Karotten
- 1 Zucchini
- 6 EL Rapsöl oder Olivenöl
- 1 TL Paprikapulver, edelsüß
- 1 TL Salz
- 1 Prise Zucker

ZUBEREITUNG:

1. Für die Polenta Schnitten die Gemüsebrühe mit der Milch und etwas Salz in einem Topf aufkochen lassen. Den Maisgrieß einrühren und nach Packungsanweisung kochen und ausquellen lassen. Achtung die Masse wird ziemlich schnell fest und sie ist sehr heiß!
   Im Anschluss die gekochte Polenta auf einem mit Backpapier ausgelegten Backblech ca. 2 cm dick ausstreichen und abkühlen lassen.
2. In der Zwischenzeit den Backofen auf 200°C Ober- und Unterhitze vorheizen und das Ofengemüse vorbereiten.
3. Das Gemüse waschen, schälen und in mundgerechte Stücke schneiden. Vom Brokkoli nur die Röschen verwenden.
4. Für die Marinade: In einer großen Schüssel 3 EL Öl mit 1 TL Salz, 1 TL Paprikapulver edelsüß, sowie einer Prise Zucker vermischen.
5. Das Gemüse zugeben und gut vermischen, dabei die Marinade gut einmassieren.
6. Das Gemüse in einer großen Auflaufform, oder auf einem mit Backpapier ausgelegten Backblech verteilen und ca. 30 Minuten bei 200°C Ober- und Unterhitze backen.
7. In den letzten 15 Minuten aus der Polenta-Masse Rauten schneiden, oder Kreise ausstechen.
8. Etwas Öl in einer Pfanne erhitzen und die Polenta Schnitten darin von beiden Seiten ca. 5 Minuten goldbraun anbraten.
9. Die Polenta Schnitten mit dem heißen Ofengemüse belegen und sofort servieren.

Pasta mit cremiger Paprikasoße

ZUBEREITUNGSZEIT 30 MINUTEN

ZUTATEN FÜR 2 PORTIONEN:

- 3 rote Spitzpaprika (300 g)
- 1 große Kartoffel (100 g), mehlig kochend
- 1 Zwiebel
- 1 Knoblauchzehe, je nach Verträglichkeit
- 250 ml Gemüsebrühe, selbstgemacht
- 1/2 TL Salz
- 1 TL Paprikapulver, edelsüß
- Jeweils 1 TL getr. Basilikum, Thymian, Oregano
- 3 EL Rapsöl oder Olivenöl

ZUBEREITUNG:

1. Die Spitzpaprika waschen und entkernen, anschließend in Stücke schneiden.
2. Zwiebel und Knoblauch in Würfel schneiden.
3. Die Kartoffel schälen, ebenfalls in Würfel schneiden.
4. Das Öl in einem Topf erhitzen, die Zwiebel- und Knoblauchwürfel darin anbraten.
5. Die Spitzpaprika zugeben, ebenfalls anbraten und dabei mit Salz, Paprikapulver und den getrockneten Kräutern würzen.
6. Die Kartoffelstücke und die Gemüsebrühe zugeben, anschließend alles ca. 20 Minuten köcheln lassen.
7. Die Paprikasoße mit einem Pürierstab fein pürieren und mit Pasta servieren.

1. Diese Soße kann auch als Basis-Soße für das Grundrezept Pizza mit Quark-Öl Teig von Seite 42 verwendet werden.

2. Die vegane Paprikasoße kann problemlos 1 – 2 Tage im Kühlschrank aufbewahrt und erneut im Topf erwärmt werden.

Schnelle Pizza mit Quark-Öl Teig

ZUBEREITUNGSZEIT 40 MINUTEN

ZUTATEN FÜR 6 PORTIONEN ODER 2 BACKBLECHE:

- 400 g Dinkelmehl Type 630
- 3 TL Weinsteinbackpulver
- 200 g Magerquark, laktosefrei
- 1 Ei Gr. M
- 50 ml Wasser
- 60 ml Olivenöl
- 2 TL Salz

ZUBEREITUNG:

1. Das Mehl mit dem Backpulver in einer Schüssel vermischen, anschließend die restlichen Zutaten zugeben und alles mit den Knethaken vom Handmixer, oder mit der Küchenmaschine, zu einem glatten Teig verarbeiten.
2. Den Teig kurz ruhen lassen, in der Zwischenzeit den Backofen auf 225 °C Ober- und Unterhitze vorheizen.
3. Die Pizza mit dem Grundrezept der „Cremige vegane Paprikasoße" bestreichen, nach Belieben belegen und ca. 15 bis 20 Minuten bei 225 °C Ober- und Unterhitze backen.

1. Der Teig reicht für 2 Backbleche Pizza (28 x 40 cm).

2. Als Pizza-Soße passt sehr gut die „Cremige vegane Paprikasoße" von Seite 40. Für ein Blech reicht die halbe Portion der Paprikasoße.

3. Beim Käse ist laktosefreier Mozzarella, junger laktosefreier Gouda, oder laktosefreier Fetakäse verträglich.

Hirse Salat mit Roter Bete

ZUBEREITUNGSZEIT 25 MINUTEN

ZUTATEN FÜR 3 PORTIONEN ALS BEILAGE FÜR 6 PORTIONEN:

- 200 g Hirse (Garzeit 10 Minuten)
- 500 g gekochte Rote Bete (Bio, vorgegart)
- 150 g Fetakäse, laktosefrei
- 6 EL Olivenöl
- 1 - 3 EL Verjus, sauer
- Salz
- 1 Bund frischer Schnittlauch oder TK
- 1 TL Gemüsebrühe, selbstgemacht

ZUBEREITUNG:

1. Die Hirse gründlich in einem feinen Sieb abspülen, bis das Wasser klar ist.
2. Anschließend die Hirse mit 400 ml Wasser und 1 TL Gemüsebrühe zum kochen bringen.
3. Die Hirse ca. 7 - 10 Minuten nach Packungsanweisung köcheln lassen, bis das Wasser komplett aufgenommen ist. Anschließend auf einen großen Teller geben und abkühlen lassen.
4. Die gekochte Rote Bete in Würfel schneiden und den Fetakäse klein bröseln.
5. In einer großen Schüssel alle Zutaten gut vermischen, evtl. vor dem Servieren nochmal kühl stellen.

Tipps:

1. Am nächsten Tag eventuell nochmal etwas Olivenöl und Salz dazugeben.

2. Am besten eignet sich hierfür gekochte Bio Rote Bete, diese gibt es vakuum verpackt ohne Zusatzstoffe oder Essig in jedem gut sortierten Super- oder Biomarkt.

3. Der perfekte Salat für´s Büro, aber auch für jede Grill- oder Geburtstagsparty.

Leichter Kartoffelsalat mit Gurke und Joghurt

ZUBEREITUNGSZEIT
60 MINUTEN

ZUTATEN FÜR 4 PORTIONEN:

- 800 g festkochende Kartoffeln
- 200 g Schmand, laktosefrei
- 150 g Joghurt, laktosefrei
- 1 TL Salz
- 1 Salatgurke, frisch
- 1 Bund Radieschen
- 1 Bund frischer Schnittlauch
- 1 - 3 EL Verjus sauer
- 1 Prise Zucker

ZUBEREITUNG:

1. Die Kartoffeln gründlich waschen und mit Schale in kaltem Salzwasser zum Kochen bringen, ca. 25 - 30 Minuten, je nach Größe gare Anschließend sofort unter fließendem, kalten Wasser abschrecken und die Schale entfernen. Danach auskühlen lassen.
2. Die Salatgurke schälen, das Kerngehäuse entfernen, anschließend in Viertel schneiden.
3. Die Radieschen waschen und in Stifte oder Würfel schneiden.
4. Den Schnittlauch waschen und nach Belieben schneiden.
5. Für das Dressing den Schmand mit Joghurt, Salz, Schnittlauch, Verjus und einer Prise Zucker verrühren.
6. Die abgekühlten Kartoffeln in Stücke schneiden, mit dem Dressing, der Gurke sowie den Radieschen vermengen.
7. Der Salat kann sofort serviert oder kühl gestellt werden. Am nächsten Tag nochmal mit Salz nachwürzen.

Tipps:

1. Für noch mehr Würze kann etwas Senf zum Dressing gegeben werden, dieser ist allerdings nicht histaminarm!

2. Achtung bei Fruktoseintoleranz: Bitte Verjus extra sauer verwenden! Beim Schnittlauch kleine Mengen oder Schnittknoblauch verwenden.

3. Der Kartoffelsalat ist der perfekte Begleiter für jede Feier, im Büro, Uni und Co.

Nährstoffe:
Vitamin C, Kalium,
Vitamin B6,
Ballaststoffe

Rezepte mit Fleisch

Hackbällchen Toskana aus dem Ofen

ZUBEREITUNGSZEIT 50 MINUTEN

ZUTATEN FÜR 3 – 4 PORTIONEN:

- 500 g rote Spitzpaprika
- 200 ml laktosefreie Sahne
- 200 ml Gemüsebrühe, selbstgemacht
- 1 Zwiebel
- 1 Knoblauchzehe (je nach Verträglichkeit)
- 1 TL Paprikapulver, edelsüß
- 1 TL Salz
- Jeweils 1 TL getrockneter Thymian, Basilikum, Oregano
- 3 EL Rapsöl oder Olivenöl
- 1 - 2 TL Speisestärke (aus Mais)
- 400 g Rinderhackfleisch
- 1 Ei Gr. L
- 2 EL glutenfreies Paniermehl (aus Mais oder Reis)
- 1 Kugel laktosefreier Mozzarella
- 300 g Reis

ZUBEREITUNG:

1. Den Backofen auf 200°C Ober- und Unterhitze vorheizen.
2. Die Spitzpaprika waschen, entkernen und in kleine Stücke schneiden
3. Die Zwiebel und den Knoblauch in Würfel schneiden.
4. 3 EL Öl in einem Topf erhitzen und die Paprika mit den Zwiebeln und Knoblauch darin anbraten, dabei mit Paprika, Salz und getr. Kräutern würzen.
5. Die Gemüsebrühe und Sahne zugeben, ca. 10 min. köcheln lassen bis die Paprika weich ist. Anschließend fein pürieren. Die Soße sollte sehr gut gewürzt sein.
6. In der Zwischenzeit Salzwasser für den Reis in einem Topf zum kochen bringen und die Hackbällchen formen.
7. Das Hackfleisch mit dem Ei, Paniermehl, 1 TL Salz und nach Geschmack etwas Gemüsebrühe vermengen, anschließend zu 8 - 10 kleinen Hackbällchen formen und diese direkt in eine Auflaufform lege
8. Den Mozzarella in Scheiben schneiden. Die Paprikasoße über die Hackbällchen gießen, anschließend eine Scheibe Mozzarella darauflegen.
9. Die Hackbällchen Toskana ca. 30 Minuten bei 200°C Ober- und Unterhitze im Ofen garen.

Cremiges Kokos-Maishähnchen mit Gemüse

Nährstoffe:

Eiweiß, Kalium, Phosphor, Vitamin A, Vitamin C

ZUBEREITUNGSZEIT 30 MINUTEN

ZUTATEN FÜR 3 PORTIONEN:

- 500 g Maishähnchenfilet (Hähnchenbrust)
- 1 rote Paprika
- 1 Zucchini
- 2 - 3 Karotten
- 1 Bund Schnittlauch
- 100 ml Gemüsebrühe, selbstgemacht
- 400 ml Bio Kokosmilch (Dose, ohne Zusatzstoffe!)
- 2 TL Speisestärke (glutenfrei aus Mais)
- Salz
- 1 TL Paprikapulver, edelsüß
- 3 TL Kokosöl
- 250 g Reis

ZUBEREITUNG:

1. Das Gemüse und den Schnittlauch waschen.
2. Die Karotten schälen und in dünne Scheiben schneiden, Paprika in Stücke schneiden, die Zucchini halbieren und in Scheiben oder Viertel schneiden
3. Das Hähnchen mit kaltem Wasser abwaschen, trocken tupfen und in Würfel schneiden.
4. Für den Reis: In einem Topf Wasser mit reichlich Salz zum Kochen bringen und den Reis nach Packungsanweisung garen.
5. 3 TL Kokosöl in einer hohen Pfanne erhitzen.
6. Die Hähnchenwürfel darin scharf anbraten, dabei mit 1 TL Paprikapulver und Salz würzen. Das Gemüse zugeben, ebenfalls kurz anbraten.
7. Die Gemüsebrühe und Kokosmilch sowie den Schnittlauch zugeben und alles ca. 10 -15 Minuten köcheln lassen.
8. Zum Schluss wird die Soße noch mit der Speisestärke gebunden. Dafür 2 TL Speisestärke mit etwas kaltem Wasser in einem kleinen Gefäß verrühren, zur Soße geben und kurz 2 Minuten aufkochen lassen.

Das Fleisch sollte unbedingt frisch sein und vor dem Verzehr abgewaschen werden!

Schnelle One-Pot Paprika Bolognese

ZUBEREITUNGSZEIT 30 MINUTEN

ZUTATEN FÜR 3 – 4 PORTIONEN:

- 400 g Rinderhackfleisch
- 250 g glutenfreie Pasta (Penne)
- 1 Bund Lauchzwiebeln
- 1 rote Spitzpaprika
- 100 g Frischkäse, laktosefrei
- 900 ml Gemüsebrühe, selbstgemacht
- 3 EL Rapsöl oder Olivenöl
- 2 EL Paprikamark

ZUBEREITUNG:

1. Die Lauchzwiebeln waschen und in Ringe schneiden.
2. Die Spitzpaprika waschen und in Streifen schneiden.
3. Das ÖL in einem großen Topf erhitzen, das Hackfleisch darin anbraten, dabei mit Salz würzen.
4. Die Lauchzwiebeln und die Paprika zugeben, ebenfalls anbraten.
5. Die Gemüsebrühe, Paprikamark, Frischkäse sowie Pasta zugeben und die One-Pot Bolognese ca. 10 bis 15 Minuten, je nach Garzeit der Pasta, bei mittlerer Hitze garen. Sie ist fertig, wenn die Soße cremig und die Pasta weich ist.

1. Das Hackfleisch sollte unbedingt frisch sein!

2. Paprikamark gibt es im türkischen Supermarkt, es ist der perfekte Ersatz für Tomatenmark.

Knusprige Hähnchen-Nuggets aus dem Ofen

ZUBEREITUNGSZEIT 25 MINUTEN

ZUTATEN FÜR 2–3 PORTIONEN:

- 500 g Hähnchenbrustfilet
- 2 Eier
- 200 g glutenfreie Cornflakes ohne Zucker
- 1 TL Paprikapulver, edelsüß
- 1 TL Salz
- 1 Prise Zucker
- Nach Belieben 1 TL getrockneter oder 1 Bund frischer Schnittlauch

ZUBEREITUNG:

1. Den Backofen auf 200°C Ober- und Unterhitze vorheizen und ein Backblech mit Backpapier belegen
2. Das Hähnchen abwaschen, trocken tupfen und in ca. 2 x 2 cm große Würfel schneiden.
3. Für die Marinade die Eier mit dem Paprikapulver, Salz, einer Prise Zucker und Kräutern vermischen.
4. Die Hähnchen-Würfel zur Marinade geben, ein paar Minuten ziehen lassen.
5. In der Zwischenzeit die Cornflakes in einen Gefrierbeutel geben und mit einem Nudelholz zerkleinern.
6. Die Hähnchenwürfel aus der Marinade holen und gut mit den zerkleinerten Cornflakes vermischen, sodass möglichst viel Panade an den Nuggets haften bleibt.
7. Die Hähnchen-Nuggets, je nach Größe, ca. 15 Minuten bei 200°C Ober- und Unterhitze im Ofen garen.

1. Die Marinade kann beliebig mit verschiedenen Kräutern gewürzt werden.

2. Lieber eine ganze Hähnchenbrust, oder Schnitzel statt Nuggets? Eine Hähnchenbrust benötigt ca. 25 Minuten Garzeit

3. Der Kartoffelsalat von Seite 46 und der Kürbis-Ketchup von Seite 74 passen perfekt dazu.

Einfache Türkische Pizza

ZUBEREITUNGSZEIT 45 MINUTEN

ZUTATEN FÜR 4 – 6 PORTIONEN:

FÜR DEN TEIG:

- 400 g Dinkelmehl Type 630
- 200 ml Wasser
- 1/2 Würfel frische Hefe
- 1,5 TL Salz

FÜR DEN BELAG:

- 300 g Rinderhackfleisch
- 1 Zwiebel
- 2 rote Spitzpaprika (ca. 150 - 200 g)
- 40 ml Olivenöl
- 1 TL Salz
- 1/2 TL Paprikapulver, edelsüß
- 50 g Paprikamark
- 250 g Joghurt
- 1 TL Salz
- 1 Bund Schnittlauch
- 1 frischer Blattsalat

ZUBEREITUNG:

1. Alle Zutaten für den Teig mit den Knethaken vom Handmixer, oder in der Küchenmaschine, zu einem glatten Teig verarbeiten. Anschließend in eine Schüssel umfüllen und mit einem Tuch abdecken. Den Teig ca. 15 – 30 Minuten ruhen lassen.
2. Den Backofen auf 225°C Umluft vorheizen und 3 Backbleche mit Backpapier belegen.
3. Die Zwiebel und die Paprika in sehr feine Würfel schneiden, anschließend in einer Schüssel mit dem Hackfleisch, Paprikamark, Salz und Paprikapulver vermischen.
4. Aus dem Teig 6 Kugeln formen. Diese auf einer bemehlten Arbeitsfläche zu 6 dünnen Pizza-Fladen ausrollen. Anschließend auf 3 Backbleche verteilen.
5. Die Hackfleisch-Masse gleichmäßig auf den Fladen verteilen, dabei einen Rand von ca. 1 cm frei lassen.
6. Die Pizzen ca. 8 bis 10 Minuten bei 225°C Umluft backen. Es können 2 Bleche gleichzeitig gebacken werden.
7. Für den Dip: Joghurt mit Salz und geschnittenem Schnittlauch verrüh
8. Zum Schluss mit dem frischen Salat und Joghurt servieren.

Tipps: *1. Paprikamark ist im türkischen Supermarkt erhältlich.*

2. Frische Hefe ist auch bei einer Histaminintoleranz verträglich.

Gefüllte Putenrouladen mit Pesto in Sahnesoße

HISTAMIN-ARM · GLUTEN-FREI · LAKTOSE-FREI

ZUBEREITUNGSZEIT 50 MINUTEN

ZUTATEN FÜR 4 PORTIONEN:

FÜR DAS PESTO:

- 1 Handvoll frisches Basilikum (ca. 15 g)
- 85 g Fetakäse, laktosefrei
- 1 Knoblauchzehe (je nach Verträglichkeit)
- 50 g Kürbiskerne
- 75 g Olivenöl
- 1 TL Salz

FLEISCH UND SOSSE

- 4 Putenschnitzel
- 100 ml Gemüsebrühe
- 200 ml Sahne
- 1,5 TL Speisestärke
- 1 Zucchini
- Kartoffeln (ca. 800 g)
- 3 EL Rapsöl

ZUBEREITUNG:

1. Für das Pesto die Kürbiskerne in einem Mixer fein pürieren. Anschließend die restlichen Zutaten zugeben und alles zu einem cremigen Pesto vermischen.
2. Die Zucchini waschen, anschließend in Viertel schneiden.
3. Die Putenschnitzel waschen, trocken tupfen und in einen Gefrierbeut geben. Anschließend leicht mit einem Fleischklopfer bearbeiten.
4. Die Putenschnitzel jeweils mit 1 - 2 EL Pesto bestreichen, zu einer Roulade aufrollen und mit Küchengarn oder Zahnstochern befestig
5. Den Backofen auf 180°C Ober- und Unterhitze vorheizen. In der Zwischenzeit die Kartoffeln schälen und zum Kochen aufsetzen.
6. Das Rapsöl in einer Pfanne erhitzen, anschließend die Putenroulade von jeder Seite kurz scharf anbraten, danach aus der Pfanne nehm und warmhalten.
7. In das heiße Bratfett die Zucchini geben, ebenfalls anbraten, dabei mit Salz würzen.
8. Die Gemüsebrühe und Sahne zugeben und die Soße kurz aufkocher lassen. Anschließend mit der Speisestärke (in etwas kaltem Wasse aufgelöst) binden.
9. Die Putenrouladen in eine Auflaufform geben, darüber die Soße verteilen, anschließend ca. 25 - 30 Minuten bei 180°C Ober- und Unterhitze im Backofen fertig garen.

Nährstoffe:
Eiweiß, Vitamin B6, Vitamin B12, Kalium, Phosphor, Calcium, Vitamin C

Lasagne Bolognese mit heller Soße

ZUBEREITUNGSZEIT 50 MINUTEN

ZUTATEN FÜR 4 PORTIONEN:

- 500 g Rinderhackfleisch
- 3 Karotten
- 1 rote Paprika
- 1 Zwiebel (je nach Verträglichkeit)
- 1 Knoblauchzehe
- 3 EL Rapsöl
- 200 ml Gemüsebrühe, selbstgemacht
- 400 g Schmand, laktosefrei
- Salz
- Jeweils 1 TL getr. Oregano, Basilikum, Thymian
- 1 TL Paprikapulver, edelsüß
- 9 - 12 Lasagne-Blätter (Dinkel oder Glutenfrei)
- 150 g junger Gouda

ZUBEREITUNG:

1. Die Zwiebeln und den Knoblauch in Würfel schneiden.
2. Die Karotten waschen, schälen und in Stücke schneiden. Die Paprika ebenfalls waschen und in Stücke schneiden.
3. Das Rapsöl in einem Topf erhitzen, Zwiebel und Knoblauch kurz andünsten.
4. Das Rinderhackfleisch zugeben, ebenfalls anbraten und mit Salz, Paprikapulver und getr. Kräutern würzen.
5. Die Karotten sowie Paprika zugeben, kurz anbraten, anschließend die Gemüsebrühe und den Schmand zugeben und die Soße ca. 15 Minuten köcheln lassen.
6. In der Zwischenzeit den Backofen auf 200°C Ober- und Unterhitze vorheizen und den Gouda-Käse fein reiben.
7. Etwas Soße auf den Boden einer mittelgroßen Auflaufform (ca. 22 x 22 cm) geben, darüber 3 - 4 Lasagne-Blätter legen, darauf ebenfalls etwas Soße geben, sodass sie gerade bedeckt sind. So weiter machen, es entstehen ca. 3 Schichten. Die letzte Schicht mit Soße abschließen, darüber den geriebenen Gouda geben.
8. Die Lasagne ca. 30 bis 35 Minuten bei 200°C Ober- und Unterhitze backen.

Diese Soße kann auch als Grundlade für klassische Spaghetti Bolognese verwendet werden.

Aufstriche, Dips und Basics

Gemüsebrühe, einfach selbstgemacht

ZUBEREITUNGSZEIT 45 MINUTEN

ZUTATEN FÜR 2 SCHRAUBGLÄSER:

INSGESAMT 850 G GEMÜSE, ZUM BEISPIEL:

- 100 g Zwiebeln
- 1 Knoblauchzehe
- 250 g Karotten
- 200 g rote Paprika
- 300 g Zucchini
- 130 g grobes Meersalz
- 1 EL Olivenöl
- 1 Bund Basilikum
- Ein paar Zweige Thymian

ZUBEREITUNG IM TOPF:

1. Zwiebel und Knoblauch schälen und in Würfel schneiden.
2. Karotten, Zucchini und Paprika waschen und in kleine Stücke schneiden.
3. Die Kräuter waschen. Die kleinen Blättchen vom Thymian abziehen.
4. Das komplette Gemüse, Kräuter, Salz, 1 EL Olivenöl und ca. 30 ml Wasser in einen Topf geben und köcheln lassen, bis das Gemüse weich ist (ca. 25 bis 30 Minuten). Dabei regelmäßig umrühren, damit es nicht anbrennt!
5. Anschließend das Gemüse mit einem Pürierstab fein pürieren, dadurch entsteht ungefähr die Konsistenz einer Paste.
6. Die Gemüsebrühe in 2 sterile Schraubgläser füllen und abkühlen lassen.
7. Die fertige Brühe im Kühlschrank aufbewahren und immer mit einem frischen Löffel entnehmen. Durch den hohen Salzanteil ist sie bis zu 6 Monate haltbar.

Tipps:

1. Diese Gemüsebrühe ist ein absoluter Allrounder zum Kochen und Würzen bei Intoleranzen! Sie kann je nach Verträglichkeit ganz leicht angepasst werden!

2. Die Brühe hat ungefähr die Konsistenz einer Paste und sie ist als Konzentrat zu verwenden. Auf 500 ml Wasser verwendet man ca. 1 gehäuften Teelöffel.

3. Achtung bei Fruktoseintoleranz: Hierfür Gemüse wie Champignons, grüne Paprika, Pastinake, Sellerie, Schalotten oder Zucchini verwenden und die Mengen anpassen.

Brokkoli-Mandel Aufstrich

ZUBEREITUNGSZEIT 30 MINUTEN

ZUTATEN FÜR 2 PORTIONEN:

- 150 g Brokkoli Röschen
- 2 EL gehobelte Mandeln
- 1 EL Olivenöl
- 1 - 2 EL Verjus sauer (oder 1 EL Essig bei Verträglichkeit)
- 1/2 TL Salz
- 1 Messerspitze Natron (zum Kochen)
- 1 Handvoll frisches Basilikum

ZUBEREITUNG:

1. Den Backofen auf 180°C Ober- und Unterhitze vorheizen.
2. Die Mandelblättchen auf einem mit Backpapier ausgelegten Backblech ca. 5 Minuten rösten. Achtung sie werden sehr schnell braun!
3. Den Brokkoli mit einer Messerspitze Natron im Wasser kochen bis er weich ist, anschließend kurz mit kaltem Wasser abschrecken.
4. Den weichen Brokkoli mit den Mandeln, Olivenöl, Basilikum, Salz und Verjus mit einem Stabmixer zu einem cremigen Aufstrich verarbeiten.

1. Natron macht den Brokkoli verträglicher, außerdem bleibt die schöne Farbe erhalten.

2. Geröstete Mandeln sind für die meisten Kreuzallergiker mit Pollenallergie verträglich.

3. Verjus extra sauer ist auch bei einer Fruktoseintoleranz geeignet.

4. Statt Mandeln passen auch Kürbiskerne.

Schneller Radieschen-Frischkäse Dip

ZUBEREITUNGSZEIT
5 MINUTEN

ZUTATEN FÜR 2 - 3 PORTIONEN:

- 80 - 100 g Radieschen
- 175 - 200 g Frischkäse, laktosefrei
- 1/2 TL Salz, je nach Geschmack
- 1 Handvoll frischer Schnittlauch

ZUBEREITUNG:

1. Die Radieschen und den Schnittlauch waschen, anschließend in feine Würfel schneiden.
2. Den Frischkäse mit dem Salz, Radieschen sowie Schnittlauch verrühren und sofort servieren.

Tipps:

1. Dieser Dip passt perfekt zu den Hirse-Süßkartoffel Bratlingen von Seite 34.

2. Ein leckerer Brotaufstrich, der schnell für Abwechslung auf dem Teller sorgt.

3. Bei Fruktoseintoleranz bitte nur vorsichtig Schnittlauch verwenden.

Wie wäre es noch mit einem schnellen **SCHMAND-KRÄUTER DIP?** Er passt zu vielen Gerichten wie Fleisch, Gemüse, Chips oder Brot.

ZUTATEN FÜR 2 - 3 PORTIONEN:

- 200 g Schmand, laktosefrei
- 100 g Joghurt 3,8 %, laktosefrei
- 1 Handvoll frischer Schnittlauch oder Kräuter nach Wahl
- 1/2 TL Salz
- 1 TL frischer Zitronensaft, je nach Verträglichkeit.

ZUBEREITUNG:

1. Die Kräuter waschen, schneiden und mit den restlichen Zutaten verrühren. Mit Schnittlauch schmeckt dieser leckere Dip wie Sour-Cream.

Einfaches Basilikum-Feta Pesto

ZUBEREITUNGSZEIT 10 MINUTEN

ZUTATEN FÜR 2 - 3 PORTIONEN:

- 1 Handvoll frisches Basilikum (ca. 15 g)
- 85 g Fetakäse, laktosefrei
- 1 Knoblauchzehe (je nach Verträglichkeit)
- 50 g Kürbiskerne
- 75 g Olivenöl
- 1 TL Salz

ZUBEREITUNG:

1. Die Kürbiskerne in einem Mixer fein hacken, anschließend die restlichen Zutaten zugeben und alles zu einem cremigen Pesto pürieren.

Tipps:

1. Das Pesto hält sich 2 - 3 Tage im Kühlschrank.

2. Noch cremiger wird die Pasta, wenn man beim Kochen etwas Nudelwasser auffängt und mit dem Pesto sowie der heißen Pasta vermischt.

3. Das Pesto kann auch als würziger Brotaufstrich oder als Fleischfüllung verwendet werden.

Einfacher Kürbis Ketchup

ZUBEREITUNGSZEIT 45 MINUTEN

ZUTATEN FÜR 2 GLÄSER À 370 ML:

- 1 Hokkaido Kürbis ca. 1300 g, davon 800 g Kürbis ohne Kerne
- 100 ml bis 150 ml Gemüsebrühe
- 1 TL Paprikapulver edelsüß
- 1/2 TL Salz
- 1 - 2 EL brauner Zucker
- 75 ml Verjus, sauer

ZUBEREITUNG:

1. Den Backofen auf 200°C Ober- und Unterhitze vorheizen und ein Backblech mit Backpapier auslegen.
2. Den Kürbis waschen, entkernen und in grobe Stücke schneiden.
3. Die Kürbis-Stücke auf dem Backblech verteilen und ca. 20 bis 30 Minuten, je nach Größe, garen bis der Kürbis schön weich ist. Anschließend ein paar Minuten auskühlen lassen und mit einem Pürierstab fein pürieren.
4. Das Kürbispüree mit der Gemüsebrühe, Paprikapulver, Salz und Zucker in einen Topf geben und ein paar Minuten köcheln lassen. Anschließend den Verjus zugeben, die Hitze reduzieren und den Ketchup weitere 5 Minuten kochen.
5. Das heiße Kürbispüree in sterile Schraubgläser füllen, abkühlen lassen und im Kühlschrank aufbewahren.

1. Der Ketchup hält sich ein paar Tage im Kühlschrank.

2. Er passt perfekt zu den knusprigen Hähnchen-Nuggets von Seite 56.

Backen und Süßes

Fluffige Muffins mit Obst der Saison – auch glutenfrei!

ZUBEREITUNGSZEIT 40 MINUTEN

ZUTATEN FÜR 12 MUFFINS:

- 250 g Dinkelmehl Type 630
- 125 g Zucker
- 125 g weiche Butter
- 3 Eier
- 125 ml Milch, laktosefrei
- 2 TL Weinsteinbackpulver
- 1/2 TL gemahlene Vanille oder Zimt
- Obst nach Wahl, siehe Tipp
- 12 Muffin-Papierförmchen

ZUTATEN GLUTENFREIE VERSION:

- 75 g Mandelmehl
- 150 g Reismehl (Vollkorn)
- 25 g Speisestärke (Mais, glutenfrei)
- 1 TL (2g) fein gemahlene Flohsamenschalen
- 150 g Zucker
- 1 Prise Salz
- 125 g weiche Butter
- 3 Eier Gr. L
- 175 ml Milch, laktosefrei
- 2 TL Weinsteinbackpulver (glutenfrei)
- 1/2 TL gemahlene Vanille oder Zimt
- Obst nach Wahl, siehe Tipp

ZUBEREITUNG:

1. Den Backofen auf 160° Umluft vorheizen und die Muffinform mit Papierförmchen auslegen.
2. Die Kirschen in einem Sieb abtropfen lassen, oder das Obst wasche und in Stücke schneiden.
3. Das Mehl mit dem Backpulver in einer Schüssel vermischen.
4. Für die glutenfreie Version: Mandelmehl, Reismehl, Speisestärke, Flohsamenschalen und Backpulver vermischen.
5. Die Butter mit dem Zucker, Salz, Vanille und den Eiern mit dem Handmixer schaumig verrühren.
6. Die Milch und das Mehl abwechselnd und langsam zu den anderen Zutaten geben, kurz verrühren bis ein glatter Teig entsteht.
7. Das Obst unter den Teig heben, eventuell etwas als Topping verwenden. Anschließend den Teig gleichmäßig in den Muffinförmcher verteilen.
8. Die Muffins ca. 20 Minuten (Stäbchenprobe) bei 160°C Umluft backe danach 5 Minuten in der Form lassen, anschließend auf einem Kuchengitter vollständig abkühlen lassen.

Tipps:

1. 1 Glas Sauerkirschen, oder 2 Äpfel, oder ca. 500 g Zwetschgen, oder 250 g Heidelbeeren, oder 250 g Johannisbeeren

*2. **Bei einer Fruktoseintoleranz** sind Johannisbeeren und Heidelbeeren geeignet. Den Zucker kann man durch 150 g Reissirup ersetzen. Dieser verliert beim Backen allerdings an Süßkraft!*

3. Diese köstlichen Muffins eignen sich perfekt zum Einfrieren! So hat man immer etwas Süßes im Haus.

Einfache Apfeltarte ohne Ei

ZUBEREITUNGSZEIT 60 MINUTEN + 60 MINUTEN KÜHLZEIT

ZUTATEN FÜR 12 PORTIONEN / 1 TARTEFORM 26 CM:

- 250 g Dinkelmehl Type 630
- 130 g Butter oder vegane Butter
- 1 Glas Apfelmark ca. 360 g, davon 60 g (2 geh. EL) für den Teig und den Rest für den Belag
- 100 g Zucker
- 1 Prise Salz
- 3 - 4 Äpfel
- 3 EL brauner Zucker
- 1/4 TL Zimt oder 1/2 TL gemahlene Vanille
- 3 EL gehobelte Mandeln

ZUBEREITUNG:

1. Für den Teig: Mehl, Butter, 60 g Apfelmark, Zucker und Salz mit den Knethaken vom Handmixer zu einem bröseligen Teig verarbeiten. Anschließend nochmal von Hand zu einem glatten Teig kneten und ca. 60 Minuten kühl stellen.
2. Den Backofen auf 180°C Ober- und Unterhitze vorheizen und eine Tarteform mit Butter einfetten.
3. Den Teig auf einer bemehlten Arbeitsfläche leicht ausrollen, anschließend in die Tarteform geben und dort mit den Händen in Form drücken, dabei einen Rand von ca. 2 cm hochziehen.
4. Den Teig mehrfach mit einer Gabel einstechen und ca. 15 Minuten bei 180°C Ober- und Unterhitze vorbacken.
5. In der Zwischenzeit die Äpfel schälen und in dünne Scheiben schneiden.
6. Das restliche Apfelmark mit dem braunen Zucker sowie Zimt verrühre
7. Den vorgebackenen Teig kurz aus dem Ofen nehmen, mit dem Apfelmark bestreichen, anschließend mit den Apfelscheiben belegen, zum Schluss mit den gehobelten Mandeln bestreuen.
8. Die Apfeltarte für ca. weitere 30 Minuten backen, bis sie goldgelb ist

1. Apfelmark enthält keinen Zucker! Wenn Apfelmus verwendet wird, kann der Zuckeranteil etwas reduziert werden.

Vegane Cookies mit Cranberries

ZUBEREITUNGSZEIT 45 MINUTEN

ZUTATEN FÜR 12 COOKIES:

- 250 g Dinkelmehl Type 630
- 1/2 TL Vanille, gemahlen
- 2 TL Weinsteinbackpulver
- 1/2 TL Natron
- 50 g brauner Zucker
- 1 Prise Salz
- 50 - 75 g getrocknete Cranberries
- 25 g Mandeln
- 80 g Kokosöl, geschmolzen
- 80 g Zuckerrübensirup
- 40 g Bio Kokosmilch aus der Dose
- 50 g brauner Zucker
- 1 Prise Salz

ZUBEREITUNG:

1. Den Backofen auf 180° Ober- und Unterhitze vorheizen und 2 Backbleche mit Backpapier belegen.
2. Die Cranberries und die Mandeln in kleine Stücke hacken.
3. Das Kokosöl in einem Topf schmelzen bis es flüssig ist.
4. Alle Zutaten, bis auf die gehackten Cranberries und Mandeln, mit den Händen zu einem glatten Teig verarbeiten.
5. Anschließend die Mandeln und Cranberries zugeben und kurz unterkneten.
6. Aus dem Teig 12 gleichgroße Kugeln formen und jeweils 6 Stück auf dem Backblech zu Cookies formen, bzw. einfach mit der Hand flach drücken. Sie laufen beim Backen sehr auseinander, deshalb bitte Abstand!
7. Die Cookies nacheinander für 10 - 12 Minuten bei 180°C Ober- und Unterhitze backen, anschließend vollständig abkühlen lassen.

Tipps:

1. Achtung: Bitte beim Trockenobst immer drauf achten, dass es ungeschwefelt ist!

2. Zuckerrübensirup (Dunkel) ist ein Produkt aus dem Rheinland, alternativ kann auch Kokosblütensirup verwendet werden.

3. Statt Cranberries passen auch sehr gut getrocknete Sauerkirschen.

Herzhafte Muffins für Büro, Picknick und Co.

ZUBEREITUNGSZEIT 45 MINUTEN

ZUTATEN FÜR 12 MUFFINS:

- 250 g Dinkelmehl Type 630
- 3 gestrichene TL Weinsteinbackpulver
- 100 g Fetakäse, laktosefrei
- 150 g rote Spitzpaprika
- 1 TL Salz
- Jeweils 1/2 TL getrocknetes Basilikum, Thymian und Oregano
- 125 g Schmand, laktosefrei
- 4 EL Olivenöl
- 100 ml Wasser
- 1 Ei Gr. L
- Butter zum Einfetten der Muffinform

ZUBEREITUNG:

1. Den Backofen auf 160°C Umluft vorheizen.
2. Die Muffinform mit Butter einfetten, anschließend mit etwas Dinkelmehl ausstreuen.
3. Die Spitzpaprika und den Fetakäse in kleine Würfel schneiden.
4. Das Mehl mit dem Backpulver in einer Schüssel vermischen.
5. Anschließend das Olivenöl, Salz, getrocknete Kräuter, Schmand, Ei und das Wasser zugeben.
6. Alle Zutaten mit den Knethaken vom Handmixer ca. 2 Minuten zu einem glatten Teig verrühren.
7. Zum Schluss die gewürfelte Spitzpaprika und Fetakäse zugeben und mit einem Teigschaber unterheben.
8. Den Teig gleichmäßig in den Muffinförmchen verteilen und die Muffins ca. 25 Minuten bei 160°C Umluft backen.
9. Die Muffins ca. 10 Minuten im Blech, anschließend komplett auf einem Kuchengitter abkühlen lassen.

Tipps:

1. Der perfekte Snack für jede Party, aber auch für Büro, Picknick und Co.

2. Dazu passt sehr gut der Radieschen Dip / Kräuter Dip von Seite 70.

*3. **Bei Fruktoseintoleranz:** Die Spitzpaprika durch Brokkoli oder Zucchini ersetzen! Bei den Gewürzen wird meistens getrocknetes Basilikum gut vertragen.*

Italienische Cantuccini

ZUBEREITUNGSZEIT CA. 1,5 STUNDEN INKL. WARTEZEIT

ZUTATEN FÜR 1 BACKBLECH:

- 175 Mandeln (mit Schale)
- 250 g Dinkelmehl Type 630
- 175 g Zucker
- 1 TL Weinsteinbackpulver
- 1 TL gemahlene Vanille
- 25 g weiche Butter
- 2 Eier Gr. L
- 1 Prise Salz

ZUBEREITUNG:

1. Die Mandeln vor Beginn ca. 5 bis 10 Minuten bei 180°C Ober- und Unterhitze im vorgeheizten Backofen rösten, bis sie angenehm dufte Anschließend abkühlen lassen.
2. Für den Teig das Mehl mit dem Zucker, Eier, Butter, Vanille, Salz und Backpulver zu einem zähen und klebrigen Teig verarbeiten. Dies geht mit den Knethaken vom Handmixer, oder dauert auch in der Küchenmaschine nur 1 Minute mit dem Knethaken.
3. Anschließend werden die Mandeln mit der Hand kurz unter den Teig geknetet.
4. Den fertigen Teig zu einer Kugel formen, in Frischhaltefolie wickeln und ca. 30 bis 60 Minuten im Kühlschrank ruhen lassen.
5. Den Backofen auf 200°C Ober- und Unterhitze vorheizen und ein Backblech mit Backpapier belegen.
6. Den Teig in vier Teile aufteilen und schnell zu vier Rollen formen. Je länger man knetet, desto schwieriger wird es, weil der Teig nicht zu warm werden sollte.
7. Anschließend die Rollen mit ausreichend Abstand auf das Backblech legen und ca. 15 Minuten bei 200°C Ober- und Unterhitze vorbacken. Der Teig läuft sehr aus.
8. Die Rollen kurz aus dem Ofen holen und sofort heiß, mit einem scharfen Messer in ca. 1,5 cm breite Stücke schneiden und mit der Schnittfläche auf das Backblech legen.
9. Die Cantuccini-Stücke nochmal ca. 8 bis 10 Minuten weiter backen, bis sie goldbraun sind.

Einfacher saftiger Mandelkuchen

ZUBEREITUNGSZEIT 75 MINUTEN

ZUTATEN FÜR 1 KASTENKUCHEN / CA. 16 STÜCKE:

- 200 g Dinkelmehl Type 630
- 200 g gemahlene Mandeln
- 200 g weiche Butter
- 175 g Zucker
- 3 Eier Gr. L
- 150 ml Milch, laktosefrei
- 1/2 Päckchen Weinsteinbackpulver (ca. 8 g)
- 1/2 TL gemahlene Vanille
- 150 g Puderzucker
- 3 EL heißes Wasser
- 50 g ganze Mandeln
- 1 Prise Salz

ZUBEREITUNG:

1. Den Backofen auf 175°C Ober- und Unterhitze vorheizen und eine Kastenform (ca. 30 cm) mit Butter einfetten, außerdem mit etwas Dinkelmehl bestreuen.
2. Die Butter mit den Eiern, Zucker, Salz und Vanille schaumig verrühren.
3. Das Backpulver mit dem Mehl mischen.
4. Abwechselnd die Mehlmischung mit den gemahlenen Mandeln und Milch zur Masse geben, kurz verrühren, bis ein geschmeidiger Teig entsteht.
5. Den Teig in die gefettete Kastenform geben und ca. 60 Minuten (Stäbchenprobe) bei 175°C Ober- und Unterhitze backen.
6. Wenn der Kuchen aus dem Ofen ist, die ganzen Mandeln auf ein mit Backpapier ausgelegtes Backblech geben, diese mit der restlichen Hitze (ca. 5 - 8 Minuten) rösten bis sie anfangen zu duften. Anschließend abkühlen lassen und in grobe Stücke hacken.
7. Den Mandelkuchen vollständig abkühlen lassen.
8. Für die Glasur den Puderzucker mit dem heißen Wasser verrühren, anschließend sofort über den Kuchen geben und mit den gehackten Mandeln bestreuen.

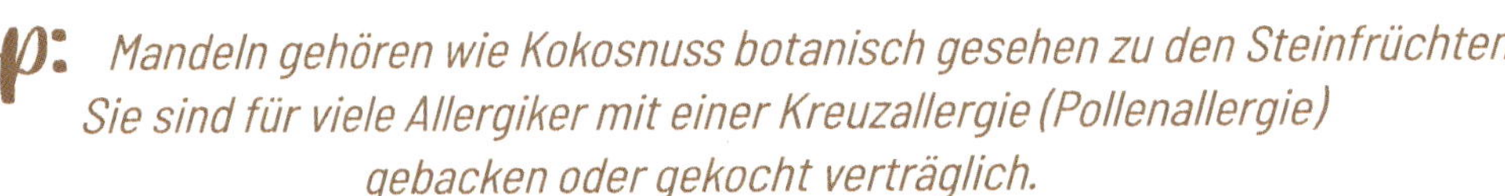

Tipp: *Mandeln gehören wie Kokosnuss botanisch gesehen zu den Steinfrüchten. Sie sind für viele Allergiker mit einer Kreuzallergie (Pollenallergie) gebacken oder gekocht verträglich.*

Impressum

1. Auflage, August 2021

Rezepte, Texte und Fotos © eattolerant
Autorin : Jessica Schmidt, eattolerant
Portraitfoto: Christiane Münchhausen, Boho&Classy-Fotografie

HERAUSGEBER:

Noe Verlag
Kruppstraße 1 - 3
51381 Leverkusen

SATZ UND DRUCK:

NOE media solutions

Gedruckt in Deutschland

ISBN: 978-3-96828-003-5

HAFTUNGSAUSSCHLUSS

Alle Inhalte sind mit höchster Sorgfalt erstellt. Die Empfehlungen basieren auf meiner persönlichen Erfahrung, weshalb mein Buch keinen Besuch bei einem Arzt, Heilpraktiker oder einer Ernährungsberatung ersetzen kann. Allergien und Intoleranzen sollten unbedingt medizinisch diagnostiziert und abgeklärt werden. Alle Rezepte sind ausgiebig getestet, jedoch gibt es keine Garantie für das Gelingen, besonders wenn Zutaten ausgetauscht oder angepasst werden. Haftungs-, Rechts- und Schadensersatzansprüche gegenüber der Autorin und des Herausgebers sind ausgeschlossen.